RÉPUBLIQUE

MONARCHIQUE,

PAR

M. Bellier.

« Rome perdit sa liberté, parce qu'elle acheva
» trop tôt son ouvrage ».

MONTESQUIEU, *Grandeur des Romains.*

20 JUILLET 1831.

Valence,

IMPRIMERIE DE L. BOREL.

1831.

RÉPUBLIQUE

MONARCHIQUE.

RÉPUBLIQUE

MONARCHIQUE,

PAR

M. Bellier.

« Rome perdit sa liberté, parce qu'elle acheva
» trop tôt son ouvrage ».

MONTESQUIEU, *Grandeur des Romains.*

20 JUILLET 1831.

Valence,

IMPRIMERIE DE L. BOREL.

1831.

RÉPUBLIQUE

MONARCHIQUE.

CONSIDÉRATIONS GÉNÉRALES.

La Liberté est une jeune et belle personne dont tout le monde médite intérieurement d'être le ravisseur.

Dans les villes, comme dans les villages, il s'élève partout des querelles relatives à la préséance. Partout il se trouve des hommes qui aiment mieux, comme César, être les premiers dans leur village que les seconds dans Rome.

L'expérience de tous les peuples et de tous les lieux doit convaincre les écrivains et les gouvernans de la nécessité d'établir plus d'une branche du pouvoir et même plus de deux.

Toutes les exhortations que l'on fera à une assemblée unique , qui auront pour but de l'engager à ne pas laisser usurper l'administration des affaires par un petit nombre d'individus , seront infailliblement négligées.

Le désir de dominer est le même chez tous les hommes, rois , nobles ou plébéiens ; et la tyrannie est constamment l'effet d'un gouvernement non balancé , quel que soit celui de ses trois ordres dans les mains duquel réside le gouvernement.

Notre gouvernement représentatif repose sur trois pouvoirs distincts : le pouvoir législatif, le pouvoir judiciaire , le pouvoir exécutif ; mais aucun ne s'exerce dans toute sa plénitude, aucun ne représente réellement ce qu'il est appelé à représenter.

C'est par le pouvoir législatif que le peuple exerce sa souveraineté ; mais le peuple est-il représenté suffisamment par deux cent mille privilégiés, sur trente-deux millions d'habitans ? Le pouvoir législatif est-il complet , s'il n'a point l'initiative ? est-il souverain, si deux *veto* viennent arrêter la promulgation d'une loi qu'il fit dans sa sagesse ?

Il suffit de jeter les yeux sur les articles qui traitent du pouvoir judiciaire , pour que l'intel-

ligence la plus ordinaire comprenne jusqu'à quel
point peut être poussé l'abus des mots. La
chambre des pairs est-elle la haute cour de justice pour avoir jugé Ney et Polignac ? constitue-
t-elle un pouvoir réel, si la nomination des juges
n'émane point de sa souveraineté ?

Le même vice se rencontre dans le pouvoir
exécutif. Le ministère qui le représente ne se
trouve-t-il pas comme paralysé par les cent bras
de la chambre ? son existence n'est-elle pas
comme liée aux fluctuations annuelles de la
majorité ?

Toute société où la séparation des pouvoirs
n'est point déterminée n'a point de constitution.

Ce qui prouve que l'indépendance des trois
pouvoirs fait la liberté, c'est qu'à Venise, où
ils existaient réellement, il n'y avait point de
liberté, parce que c'étaient des magistrats d'un
même corps qui les exerçaient ; tandis que la
liberté s'est maintenue à Rome avec les patriciens, quoique le peuple n'eût que les tribuns
pour le représenter.

La liberté résiste à l'aristocratie anglaise,
quoique cette aristocratie possède tout le sol ;
mais il y a un jury et une représentation nationale.

L'expérience nous montre que tout homme

investi d'un pouvoir, est apte à en abuser ; il avance continuellement , jusqu'à ce qu'il rencontre quelque obstacle qui l'arrête.

Le plus sûr moyen de s'opposer aux empiétemens d'un pouvoir , c'est d'ajouter aux forces du pouvoir qui doit lui résister.

Si l'on tient une balance , et si l'on place un poids quelconque dans chaque bassin , la balance ne penchera d'aucun côté , pourvu que le poids soit égal ; et pour rompre l'équilibre , il faudra un poids d'autant plus considérable que celui qui se trouve déjà dans chaque bassin est plus considérable lui-même.

Ce serait une folie de prétendre qu'on ne peut pas faire de nouvelles découvertes dans la science du gouvernement. Le monde moral et intellectuel nous est aussi peu connu que le monde physique. Il y a lieu d'espérer que l'éducation , l'étude et l'expérience , agrandiront de ce côté la sphère de nos connaissances.

Il n'est pas au pouvoir des hommes de faire une constitution qui pare aux malheurs à venir : c'est bien assez pour eux de s'en faire une qui les tire des maux présens.

L'homme est soumis aux modifications morales comme aux modifications physiques , et ces modifications se renouvellent avec tant de régularité et de constance , que l'on peut dire avec vérité que la modification des êtres est leur état de nature.

Les lois doivent changer avec les besoins des peuples. Une modification lente , partielle , régulière , est mieux appropriée à leur nature qu'une modification brusque et générale.

Les États-Unis ont compris l'insuffisance de leur constitution , quoiqu'un intervalle de douze ans se soit écoulé depuis le jour où ils ont proclamé leur indépendance , jusqu'à celui où ils ont adopté les principes de leur fédération.

La France n'a pas dû prévoir ce besoin, parce qu'elle sait faire toute une charte dans un jour.

Les Américains n'ont eu qu'une seule constitution , et nous en avons eu une douzaine dans le même espace de temps.

Dans toutes les républiques , petites ou grandes , populaires , aristocratiques et monarchiques , on observe une multitude d'inventions curieuses pour balancer tous les pouvoirs , réprimer les passions qui leur sont particulières , et les empêcher de se jeter dans les excès pour lesquels ils ont le plus de penchant.

On ne peut donc critiquer celui qui essaie d'introduire dans un gouvernement quelconque un équilibre plus efficace pour la protection des lois.

POUVOIR LÉGISLATIF.

C'est par le pouvoir législatif que s'exerce la souveraineté d'un grand peuple. Il se réunit, se communique ses besoins, arrête la manière d'y pourvoir, et confie à d'autres mains la prérogative de faire exécuter ses lois.

Une constitution aura autant de défenseurs qu'il y aura de citoyens heureux par elle : il faut donc qu'une bonne constitution tende vers le bonheur du plus grand nombre, et qu'elle soit, autant que possible, l'expression du vœu de tous.

Le plus parfait des gouvernemens serait celui dans lequel une injure faite à un citoyen serait une injure faite à la nation.

C'est sur ce principe que repose l'aristocratie nobiliaire et l'aristocratie religieuse. L'injure d'un membre est défendue par tout le corps : c'est là tout le secret de sa force.

Il est probable que le peuple français n'est point encore mûr pour exercer l'élection géné-

ralement et par deux degrés ; parce qu'il n'y a
point encore assez d'instruction dans le peuple.
Il faudrait multiplier les moyens d'instruction,
afin d'arriver le plus tôt possible à cette élection
générale qui seule peut donner la représentation
réelle de la nation.

On ne peut point argumenter pour nous
de l'exemple d'Athènes, parce que dans cette
ville populeuse vingt mille personnes seulement
avaient le titre de citoyen ; mais on ne comptait
pas dix mille affranchis, ni quatre cent mille
esclaves, femmes ou enfans, qui ne prenaient
aucune part aux délibérations publiques. Ainsi
tous ceux qui participaient à l'administration,
ne formant que la dixième partie de la république, étaient exempts de toute espèce de travail, et avaient le temps de s'instruire.

L'exemple des États-Unis n'est pas plus con-
cluant, parce que l'instruction y est plus généralement répandue qu'en France, et parce que
le plus humble des citoyens pourvoit facilement
à son existence : d'ailleurs, les personnes riches,
ne formant point un corps à part, ne peuvent
s'entendre à la fois, sur tous les points de l'empire, pour corrompre et fausser les élections.

Cependant, à la suite d'une révolution comme
celle de juillet, tout ayant été détruit, il ne

restait d'autre autorité que celle du peuple. Il fallait donc, pour rentrer dans la légalité, consulter ce peuple d'une manière quelconque. Jusque là tout semble être le fruit de la ruse et de la supercherie. Je suis persuadé que l'on reviendra de cette faute immense, et que l'on finira par mieux respecter la souveraineté nationale; parce qu'un gouvernement contre lequel on peut faire de la légalité est toujours faible et mal assis.

Il me semble qu'il n'y aurait aucun inconvénient de soumettre la Charte à l'approbation du peuple de la manière suivante : la garde nationale se réunirait par compagnies, et, sous les yeux du maire, chaque citoyen, appelé à son tour, mettrait sur un registre *oui* ou *non*.

Ce suffrage consacrerait en fait la souveraineté nationale.

Le gouvernement recevrait une force immense de cet acte dont personne ne saurait appréhender les conséquences.

Le pouvoir législatif ne sera point complet tant que la loi n'émanera point de sa souveraineté.

Cependant la pairie devrait avoir le *veto* de la manière suivante :

Les députés voteraient une loi ; les pairs refuseraient de la sanctionner. Trois années après, les députés proposeraient la même loi, et les pairs pourraient encore la rejeter. Enfin, si à la troisième législature suivante les députés adoptaient la même loi, à la majorité des deux tiers des votes, la proposition aurait force de loi, et le roi et les pairs seraient obligés de la sanctionner et de la promulguer.

Dans cette supposition, il faudrait sept sessions pour que les députés pussent faire souverainement une loi. La chambre aurait été renouvelée en entier ; le peuple saurait que les mandataires qu'il nomme par cinquième, chaque année, auraient à délibérer sur la proposition rejetée une première fois.

Il me semble que la chambre ne devrait être renouvelée que par cinquième, au lieu d'être renouvelée en entier ; parce que les modifications à faire à nos lois se ressentiraient moins de cette impression du moment, si puissante sur l'esprit français.

C'est à l'aristocratie que les Anglais doivent le renouvellement intégral ; parce qu'elle veut pouvoir convoquer le parlement chaque fois qu'elle croit le moment favorable pour l'exécution de ses projets.

Il est évident que le pouvoir législatif ne peut

point faire une loi contraire à la constitution. Le pacte social ne peut éprouver des modifications que par le concours des trois pouvoirs.

Un article de la constitution américaine est ainsi conçu : « Le congrès pourra, toutes les
» fois que les deux tiers des chambres le juge-
» ront convenable, proposer des amendemens
» à cette constitution, ou, sur la demande des
» deux tiers des législatures des divers états, il
» convoquera une convention pour proposer des
» amendemens ».

Peut-être vaudrait-il mieux encore fixer une époque pour l'examen régulier de la constitution; de manière que les deux tiers des membres de chaque chambre pourraient tous les dix ans apporter des modifications légales au pacte national.

Ce seul article ferait une bonne charte d'une mauvaise charte.

Le législateur ne doit point donner à un peuple les lois les plus parfaites, mais celles qui conviennent le mieux à son état présent. Une loi éternelle serait une absurdité, parce que la loi doit répondre aux besoins d'un peuple, et ces besoins se modifient nécessairement selon les développemens de la civilisation.

Le pouvoir législatif sera complet, lorsqu'il

sera l'expression de la volonté du plus grand nombre des citoyens, lorsque le *veto* de l'autre chambre ne sera que suspensif pour les lois ordinaires, et enfin lorsque la réunion des trois pouvoirs pourra modifier le pacte fondamental.

———

POUVOIR JUDICIAIRE.

———

Les événemens de juillet nous ont appris deux grandes vérités : l'influence de la chambre, à la nomination de laquelle le peuple avait participé; la nullité de la pairie, d'une origine tout arbitraire.

La création de la pairie ne repose que sur quelques mots vides de sens. On a voulu constituer un corps aristocratique puissant, et on ne lui a confié l'exercice d'aucun pouvoir; on l'a décorée du nom de pouvoir judiciaire, et non-seulement elle ne juge point, mais elle ne participe pas même à la nomination des juges. Elle n'a qu'un seul privilége qui lui soit particulier, l'hérédité, et l'hérédité semble n'être plus dans nos mœurs.

Cependant un corps politique fortement constitué me semble nécessaire à l'harmonie intérieure, à la prospérité d'une grande nation. Je ne chercherai point un modèle chez les Romains ou chez les Anglais ; mais peut-on s'empêcher de convenir de l'étonnante prospérité et de la liberté de ces deux peuples ! et qui jamais eut la pensée de soutenir que les corps des patriciens et des pairs ne présidèrent point à leurs immenses destinées ?

Ce qu'il y a de surprenant, c'est que les Gaulois, que les Romains rencontrèrent dans presque tous les lieux et dans presqué tous les temps, se laissèrent détruire les uns après les autres, sans jamais connaître, chercher, ni prévenir la cause de leurs malheurs.

Si la France avait des principes politiques fixes, qui pourrait prévoir ses destinées ! Comment se fait-il que nous restions comme en arrière d'une autre nation qui vient de nous proclamer le premier peuple du monde ? Je ne puis l'expliquer que d'une seule manière : nous manquons d'un corps politique assez bien organisé pour pouvoir comprendre et retenir le vœu d'un

grand peuple. Les masses savent démêler leurs
véritables intérêts ; l'instinct seul leur suffit;
mais elles se laissent facilement rebuter par les
difficultés que présente l'exécution d'un grand
projet; elles l'abandonnent , si un corps populaire , influent , laissant passer le moment de
l'hésitation , ne recommence avec une nouvelle
ardeur la marche qui n'avait été que suspendue.

Les intérêts de la France réclament un corps
politique , populaire , éclairé ; puissant. Pour
que la nouvelle pairie soit populaire et éclairée ,
il faut qu'elle vienne du peuple, et que ce même
peuple participe à sa création. Elle ne saurait
être puissante , si elle ne représente pas un
pouvoir judiciaire complet.

J'en ai dit assez pour que l'on sache que je
suis pour l'élection ; mais comme cette question
est grandement controversée , je vais déduire
les motifs de mon opinion.

Pour savoir si la pairie doit être héréditaire
ou élective , il faut d'abord se demander ce que
l'on a voulu faire en créant une pairie. Je crois
que l'on s'est proposé de créer un troisième
pouvoir assez puissant pour maintenir l'équilibre
entre le pouvoir exécutif et le pouvoir législatif.
C'est donc de la puissance que l'on a voulu
donner à la pairie.

L'hérédité seule fait-elle la puissance? Non,
puisque les pairs de Charles X étaient héréditaires.

En se prononçant pour l'hérédité, le législateur
n'a point créé une puissance présente; il a jeté
les bases d'une puissance à venir; il a rêvé une
aristocratie territoriale, comme celle de l'Angleterre. Aussi a-t-on donné pour cortége à l'hérédité la création facultative des pairs, les majorats,
les substitutions; et s'il en était ainsi pendant
deux siècles, la pairie, semblable au clergé qui
recevait toujours et ne donnait rien, la pairie,
dis-je, finirait par posséder tout le sol. Alors,
seulement, l'hérédité ferait de la pairie une
véritable puissance; alors aussi la France serait
divisée en deux partis, les aristocrates et les
prolétaires; les uns seraient assez riches pour
payer le sang, et les autres seraient assez malheureux pour le vendre. De là naîtraient des
guerres intestines qui se renouvelleraient sans
cesse. Si une révolution survenait, et qu'elle se
fît au profit du roi ou des nobles, nous aurions,
comme à Modène, les crimes judiciaires et le
règne du sabre, parce que ce n'est qu'à l'aide
de la crainte que le petit nombre vient à bout
de régenter le grand nombre; si, au contraire,
la révolution se faisait au profit du peuple, nous

aurions 93 et ses horreurs, parce que tous les
moyens sont bons pour satisfaire les besoins
pressans du prolétaire ignorant et avide : tandis
que dans les pays où la petite propriété domine,
comme en France, les révolutions seront rares,
et, s'il y en a, elles seront modérées comme
celle de 1830. Cette classe si nombreuse, si
influente chez nous, ne voudra jamais ni l'in-
cendie, ni le pillage, puisqu'elle a à conserver ;
et comme ses intérêts sont ceux de la grande
majorité des citoyens, elle n'aura pas besoin de
terrorifier le peuple pour le contenir, pour le
diriger. Ainsi, cette classe se conduira toujours
dans une révolution comme un homme qui a le
sentiment de sa supériorité.

Toutes les mesures qui, comme l'hérédité,
tendent à diminuer la petite propriété, sont directement contraires à la liberté et à l'ordre
public. Toutes échoueront certainement, parce
que les électeurs qui représentent essentiellement
cette partie de la nation, sont trop nombreux
pour qu'on puisse les séduire, et trop éclairés
pour qu'ils se laissent tromper.

Demander l'hérédité de la pairie, c'est demander une aristocratie territoriale, c'est demander l'élimination lente mais certaine des
électeurs à 200 francs. Le piége est évident. Les

députés ne sacrifieront point les plus chers intérêts de leurs mandataires, en votant pour l'hérédité.

Quelques personnes pensent qu'il ne saurait y
avoir de trône héréditaire sans pairie héréditaire :
c'est une erreur; parce que deux ou trois cents
personnes, avec un majorat de 10,000 francs,
ne sauraient protéger efficacement le souverain
contre une population de trente-deux millions
de citoyens possédant plusieurs milliards de
revenu.

D'ailleurs, ceux qui obéissent à un roi sont
moins tourmentés d'envie et de jalousie que
ceux qui vivent dans une aristocratie héréditaire. Le prince est si loin de ses sujets, qu'il
n'en est presque pas vu, et il est si fort au-dessus
d'eux, qu'ils ne peuvent imaginer aucun rapport
qui puisse les choquer; mais les nobles qui gou-
vernent sont sous les yeux de tous, et ne sont
pas si élevés que des comparaisons odieuses ne
se fassent sans cesse. Ainsi, la raison peut croire
à l'existence d'un roi sans noblesse; un peuple
libre peut admettre l'un et rejeter l'autre.

J'ignore s'il existe un parti qui veuille donner
au trône un appui pris hors du peuple. Si cela
pouvait être, ce parti chercherait un appui qui
reposerait sur rien, puisqu'il ne reposerait ni sur

la possession du sol, ni sur la possession du numéraire, ni sur une armée dévouée et toute-puissante. En France, le peuple est tout à la fois propriétaire, capitaliste et soldat; il s'en suit nécessairement que tous les élémens de la puissance se trouvent concentrés dans ses mains. Ce peuple est réellement souverain, et la puissance vient de lui comme la lumière vient du soleil.

Il serait dangereux de se faire illusion : le trône de France ne peut avoir d'autre appui que le vœu et les besoins de la nation.

Je ne réfuterai point l'objection de ceux qui pensent qu'un pair héréditaire est plus indépendant qu'un pair électif, parce que la question me semble mal posée. Il ne s'agit point de savoir si le roi doit nommer les pairs de telle ou telle manière; il faut d'abord se demander si les pairs nommés par le peuple auront plus d'influence sur la nation que les pairs nommés par le roi. La solution de cette question ne me semble pas douteuse.

On s'accorde assez généralement à reconnaître la nécessité d'un troisième pouvoir puissant. L'un des meilleurs moyens de rendre la pairie puissante, c'est de la rendre élective et de lui donner une origine populaire. L'élection est le talisman qui a rallié la France entière autour de

quelques députés de juillet. Les pairs élus par le peuple auront nécessairement la puissance de la popularité , du talent et du mérite personnel. Enfin , l'élu du peuple , pair , pourra seul balancer l'influence de l'élu du peuple , député.

Mais , dira-t-on , si les électeurs nomment les pairs comme ils nomment les députés , la chambre des pairs ne sera que la doublure de la chambre des députés. La réponse est facile : 1° les pairs seraient nommés à vie et les députés ne sont nommés que pour cinq ans ; 2° les pairs, au lieu d'être nommés par les électeurs , pourraient être nommés par les éligibles. Ainsi , l'origine des pairs serait populaire sans être exactement la même que celle des députés. Ceux-ci exprimeraient les besoins de la classe aisée des propriétaires , et les pairs exprimeraient les vœux de la portion la plus riche.

Après avoir rendu la pairie populaire par l'élection , il y aurait un moyen certain de la rendre puissante , ce serait de lui confier l'exercice du pouvoir judiciaire dans toute sa plénitude.

En France , il y a réellement confusion dans les pouvoirs exécutif et judiciaire. C'est le roi qui nomme les juges. Quiconque nomme les évêques et les juges dicte l'évangile et les lois ;

quiconque nomme le général commande l'armée ; quiconque nomme l'amiral commande la flotte ; et tout exécuteur de la loi l'exécutera selon la volonté de celui qui l'aura nommé.

Je sais que les juges sont inamovibles ; mais je sais aussi que le roi qui leur a confié leurs premières fonctions, peut encore leur en confier de plus importantes.

Il y aura confusion dans les pouvoirs exécutif et judiciaire, tant que le roi nommera les juges; et il ne saurait y avoir équilibre dans les différens pouvoirs d'un gouvernement libre , tant que chaque pouvoir ne sera parfaitement indépendant l'un de l'autre. La haute cour des pairs doit rendre la justice avec indépendance et souveraineté.

Le président , nommé par les pairs , pourvoirait à toutes les fonctions de la judicature , de la même manière que le pouvoir exécutif pourvoit à toutes les fonctions nécessaires pour faire exécuter les lois. La justice se rendrait au nom de la haute cour judiciaire , et les pairs, partageant en quelque sorte avec la divinité le pouvoir terrible de juger les hommes , exerceraient sur la France une influence immense.

Nommés par la haute cour , les juges recevront naturellement ses inspirations et feront corps avec elle. Pour bien comprendre toute la puissance d'un corps ainsi organisé, il faut se rappeler que chaque canton possède un magistrat, et que la juridiction de ce magistrat s'étend sur chaque ferme, parce que partout il a l'innocence à protéger et le crime à punir.

Ainsi organisée, la pairie deviendrait la retraite de tous les hommes de mérite : elle s'emparerait naturellement de la direction de la politique, pour présider à nos destinées, de la même manière que les sénateurs présidèrent aux destinées de Rome. Bientôt la marche du gouvernement prendrait une allure régulière ; tous les efforts, tous les sacrifices tendraient vers un même but, et comme ce but serait dans les intérêts de tous, l'homme d'état serait certain d'ajouter à sa popularité, en rappelant à la nation l'accomplissement du grand œuvre qu'elle aurait commencé.

La concentration des terres et des capitaux dans quelques mains est si contraire au bonheur d'une nation, que je ne puis m'empêcher de citer ces pages d'Aristote :

« Le bonheur de la vie humaine naît uniquement de la pratique de la vertu. Cette vertu consiste à garder en toutes choses un juste milieu, et c'est dans un rang mitoyen que se

» trouve le bonheur de la vie. Dans toute cité ,
» le peuple est divisé en trois classes, les riches,
» les pauvres et la classe moyenne. Cette der-
» nière classe est celle qui a le plus de penchant
» à suivre l'inspiration de la raison , à laquelle
» obéissent difficilement les hommes riches ,
» nobles et puissans , et les hommes faibles
» nés et nourris dans l'indigence. Les premiers
» sont hautains et corrompus , les autres igno-
» bles et rampans. Les crimes de ces deux
» classes d'hommes proviennent, dans l'une ,
» de l'excès de la richesse , et dans l'autre ,
» de la pauvreté. Le pauvre n'entend rien à
» commander ; il ne sait qu'obéir, et trop sou-
» vent en esclave : le riche ne sait point obéir,
» même aux lois ; et , ce qui n'est guère moins
» à craindre , il ne sait gouverner des hommes
» libres ou leur commander que despotique-
» ment. Toute cité qui ne contiendra que des
» riches et des pauvres ne sera composée que
» de maîtres et d'esclaves ; on y verra , d'un
» côté, l'opulence et le dédain , de l'autre , la
» misère et la haine. Il ne peut jamais s'éta-
» blir entre ces deux partis aucune communi-
» cation affectueuse. Le caractère distinctif d'une
» cité libre est d'être composée, autant qu'il est
» possible , d'hommes égaux entre eux. Cette

» égalité sera toujours mieux maintenue lorsque
» la plus grande partie des habitans seront dans
» la classe mitoyenne ; cette égalité même assu-
» rera aux citoyens la jouissance paisible de
» leurs possessions. Moins de gens auront occa-
» sion d'envier aux riches leur opulence , et de
» chercher à les en dépouiller , et moins de
» gens craindront de se voir dépouillés ; ils
» vivront paisiblement , sans former ou sans
» redouter des complots. Il est donc évident
» qu'on doit regarder comme la république la
» plus parfaite celle qui sera composée d'un
» plus grand nombre de fortunes médiocres ,
» et que les états les plus susceptibles d'une
» bonne constitution sont ceux dans lesquels
» cette classe mitoyenne sera plus nombreuse,
» et formera un corps plus respectable que les
» deux , ou tout au moins que l'une des deux
» autres ; en sorte qu'étant jetée dans la ba-
» lance , elle puisse empêcher l'une et l'autre
» de sur-balancer.

» Lorsque quelques hommes ont de trop
» vastes possessions , et que les autres ne pos-
» sèdent rien , le gouvernement doit nécessai-
» rement tomber , ou dans les mains de la plus
» vile populace, ou dans celles d'une oligarchie.
» L'état moyen est aussi préférable , en ce qu'il

» est moins sujet à ces séditions qui troublent
» souvent les sociétés ; et, par la même raison,
» les gouvernemens qui s'étendent sur un vaste
» territoire sont moins sujets à ces sortes d'in-
» convéniens. Dans les grands états, les hommes
» de la moyenne classe sont fort nombreux ;
» dans les petits, au contraire, le passage aux
» deux extrêmes est facile ; en sorte qu'il reste
» à peine quelque *medium*, et la cité n'est alors
» composée que d'un parti riche et d'un parti
» pauvre. Aussi voyons-nous que les meilleurs
» législateurs étaient des hommes de la moyenne
» classe. De ce nombre furent Solon, comme
» on peut le voir dans ses poèmes, et Lycurgue
» (car il n'était pas roi), Charondas et plu-
» sieurs autres. De là provinrent les révolutions
» qui changèrent tant d'états libres en démo-
» craties ou en oligarchies ; car toutes les fois
» que le nombre de ces fortunes médiocres est
» devenu trop petit, le parti le plus nombreux,
» soit que ce fût celui des riches ou celui des
» pauvres, n'a jamais manqué de les opprimer
» et de s'emparer du gouvernement. Lorsque,
» à la fin de leurs débats, le riche l'emporte
» sur le pauvre, ou le pauvre sur le riche,
» alors on ne doit pas s'attendre que le parti
» vainqueur établisse un état libre ; mais il

» établira , comme un trophée de sa victoire ,
» le gouvernement analogue à ses principes ,
» c'est-à-dire, une démocratie ou une oligar-
» chie. Il n'est point de cités qui tendent direc-
» tement à l'égalité ; toutes , au contraire ,
» tendent à dominer, ou, si elles sont conquises,
» à se soumettre ».

On n'a encore trouvé qu'un seul expédient pour rendre l'aristocratie bourgeoise aussi utile qu'elle peut l'être à la société , et pour l'empê-cher en même temps de ruiner et d'envahir la liberté publique , c'est de réunir tous ses mem-bres , ou au moins les plus remarquables , en une seule assemblée, d'incorporer cette assem-blée dans la législature , de leur donner une portion du pouvoir comme pour apaiser leur ambition insatiable , et de leur opposer d'autres pouvoirs sur des bases telles qu'ils ne puissent les envahir ; par exemple , en leur opposant un roi héréditaire ayant la plénitude des pouvoirs exécutifs , et une chambre élective et toujours nommée par le peuple.

La propriété , la naissance et les mérites , auront toujours leur poids dans l'opinion et dans les délibérations publiques. Un grand ser-vice à rendre à l'humanité serait de fixer au juste quelle doit être la quantité de ce poids ; mais ce secret n'est pas encore découvert , et aussi long-temps que les hommes auront des passions et de l'imagination , il sera difficile de les astreindre à n'écouter que la voix de l'équité et de la raison.

Je sais qu'en confiant le pouvoir judiciaire à un corps même électif , ce corps finira par concentrer dans un petit nombre de familles les fonctions de la magistrature. Ce sera sans doute un mal ; et en consentant à cet ordre de choses, le peuple abdique une portion de sa souveraineté et de sa liberté. Il ne faut point examiner le sacrifice mais les résultats. Si ce sacrifice prévient la formation d'une aristocratie territoriale comme celle de Rome ou de l'Angleterre, si l'on obtient un gouvernement libre encore et non agité , le sacrifice n'est-il pas un bénéfice réel pour le peuple ? D'ailleurs, chaque citoyen aura la faculté de pouvoir citer devant un juri chaque magistrat comme incapable de remplir ses fonctions. Si les procureurs du roi font droit à la requête du citoyen, le magistrat sera traduit immédiatement devant un juri qui prononcera s'il y a incapacité à remplir les fonctions. Si le procureur du roi n'accueille point la poursuite, le même particulier aura le droit de la former de nouveau,

dans un délai de trois mois, et si le procureur
du roi refuse son ministère une seconde fois,
le citoyen pourra, trois mois après, renouveler
ses instances pour la troisième fois, et alors le
procureur du roi sera obligé de traduire le magistrat devant un juri. Ainsi, le juri et la faculté
qu'aura chaque citoyen de demander le jugement d'un magistrat pour le faire suspendre de
ses fonctions, sera un contre-poids qui s'opposera
efficacement aux abus de la justice.

C'est une expérience que je propose, et l'on
ne veut point d'expériences. L'Autriche non plus
ne veut point d'expériences, et son principe est
le *statu quò*. Cependant, qui conteste la supériorité de nos gouvernemens modernes sur les
gouvernemens anciens? Comment les aurait-on
améliorés, si l'on n'avait point fait l'application
des principes nouveaux qui semblaient justes?
Ce n'est que par l'expérience que les sciences
et les arts font des progrès : pourquoi faire une
exception pour la science du gouvernement?
pourquoi proclamer les maximes du *statu quò*,
nous qui parlons du progrès des lumières, nous
qui voulons marcher avec les perfectionnemens
des siècles?

Un gouvernement jaloux d'améliorer le sort
des peuples qui lui sont confiés, doit se faire un

devoir d'appliquer les nouvelles idées qui semblent si justes à tout le monde que personne ne peut leur opposer un argument valable.

Une révolution ne se termine que par des idées neuves et par des hommes nouveaux. Tous les grands hommes ont été des novateurs.

POUVOIR EXÉCUTIF.

L'ÉTABLISSEMENT d'une république franche serait un grand malheur, à cause de la légèreté de notre nation. Quel que soit le nombre et l'influence des petits propriétaires, quoiqu'ils soient avides d'ordre et de tranquillité, la division se glisserait bientôt parmi les citoyens, et avec elle des dissensions éternelles.

Si le pouvoir était électif, les Français s'agiteraient sans fin dans le cercle des émeutes, des séditions et des guerres civiles. Il est de la liberté bien entendue de donner un frein à la *furia francese :* ce frein c'est un roi héréditaire.

L'empire suit la balance de la propriété ; or, dès qu'il n'y a plus de majorats, plus de substitutions, plus d'aristocratie héréditaire, nul despote ne peut asservir pour long-temps le peuple maître du sol qui le nourrit.

Toutes les fois que le propriétaire d'une charrue aura aussi un fusil, tôt ou tard il se servira de l'un pour la défense de l'autre.

Lorsqu'un roi n'a d'autre appui que la volonté d'une nation, et lorsqu'une nation ne conserve un roi que pour opposer une barrière insurmontable à l'anarchie, ce roi ne doit prendre qu'une part indirecte à la direction des affaires. Toutes ses fonctions se bornent à choisir un ministère, et sa prévoyance doit aller au-devant d'une loi de responsabilité. Si ce roi prend une couleur politique, il devient à l'instant même un homme de parti ; il se fait des amis et encore plus d'ennemis.

Le pouvoir chargé de faire exécuter les lois est celui qui élève le plus haut dans l'opinion publique ceux qui en sont investis ; mais c'est aussi celui où les plus puissans génies perdent le plus promptement toute leur popularité. Ce pouvoir, s'il est juste, se fait aimer quoiqu'il s'exerce avec sévérité ; on hait l'abus, on méprise la faiblesse. La confusion qui y règne aujourd'hui

l'entrave, au lieu de l'aider. Les ministres eux-
mêmes se trouvent embarrassés dans l'exercice
de leur pouvoir despotique ; ils comprennent
toute la faiblesse de leur isolement. La liberté
les effraie, et les débordemens de la démocratie
sont le spectacle quotidien dont leurs yeux se
repaissent, comme malgré eux. Aussi, voyez
avec quelle précaution, avec quelle parcimonie,
ils procèdent au développement de nos insti-
tutions libérales. Que l'on ne s'y trompe point ;
les ministres à venir seront dominés par la même
crainte ; ils tiendront la liberté en tutelle, malgré
la clameur publique, tant qu'ils n'auront pas un
contre-poids à lui opposer.

Ce contre-poids nécessaire ne saurait s'établir
qu'en fortifiant les autres pouvoirs, aux dépens
de celui des ministres. Ce sacrifice, loin de leur
nuire, leur donnera comme une nouvelle existence. Je les compare à une malade qui se meurt
de pléthore, et qu'une saignée rend à la vie.

En partant des principes posés plus haut, le
pouvoir exécutif ne pourra plus opposer son
veto à la promulgation d'une loi ; il ne participera
plus au pouvoir judiciaire, en nommant les juges ;
enfin, le dédale d'une administration communale
cessera d'être l'écueil où il vient se perdre chaque
jour.

Pour compenser tant de pertes , je vais le grandir , en le dégageant des cent bras de la chambre élective.

L'organisation actuelle du conseil le met à la dévotion de la chambre. Ces deux ennemis , toujours en présence, s'entre-choquent sans cesse, et le ministère doit périr trop fréquemment dans une lutte inégale.

Je hasarderai une composition nouvelle du conseil ; j'essaierai d'arracher le ministère à la tutelle de la chambre ; je le rendrai plus fort, sans le rendre tyrannique.

Je m'explique par un exemple. Le pouvoir exécutif se composera du roi , de quatre directeurs , de sept ministres.

ROI.

LOUIS-PHILIPPE Ier.

DIRECTEURS.

CICÉRON , PÉRICLÈS , ANNIBAL , AUGUSTE.

MINISTRES.

ARISTIDE , PLINE,	NECKER, COLBERT,	FABIUS , DORIA ,	NUMA ,
JUSTICE. INSTRUCTION.	FINANCES. INTÉRIEUR.	GUERRE. MARINE.	EXTÉRIEUR.

Les porte-feuilles appartiendront aux ministres, comme aujourd'hui ; mais au lieu de travailler avec le roi, ils travailleront avec leurs directeurs respectifs. Ainsi, Aristide et Pline travailleront avec Cicéron pour tout ce qui tient à l'instruction publique, à la justice.

Lorsque Aristide voudra procéder à un acte important de son ministère, il soumettra son projet aux directeurs Cicéron, Annibal, Périclès, Auguste. Aristide aura voix délibérative dans ce conseil, chaque fois qu'il agitera des questions relatives à la justice. Ce que je dis d'Aristide, je le dis des autres ministres. Le conseil supérieur se composera toujours de quatre directeurs et d'un ministre.

Les ministres seront responsables, et ne pourront être mis en jugement que sur la demande des députés.

Les directeurs seront responsables ; mais ils ne pourront être mis en accusation que sur la demande de la chambre des pairs.

Les directeurs modifieront le ministère, selon les besoins de la chambre ; cette modification peut se renouveler plusieurs fois par an, sans que l'esprit du pouvoir exécutif vienne à changer. Il peut marcher d'un pas ferme vers l'accomplissement d'une grande pensée ; cependant, si sa marche devenait contraire aux intérêts de la nation, la chambre pourrait forcer la retraite du directoire, en refusant le budget.

Mon intention ne pouvait être de placer entièrement le pouvoir exécutif hors de l'influence de la chambre élective ; j'ai voulu seulement le soustraire à cette influence directe, annuelle, qui semble confondre les pouvoirs exécutif et législatif.

Un président de conseil, sans porte-feuille, ne saurait remplacer avantageusement le directoire, parce que les hommes de génie sont rares, parce que le plan d'un homme de génie cesse d'être le plan de l'homme de génie qui lui succède. Un génie ne se met pas à la suite des événemens ; il les crée, afin d'en tirer plus surement le meilleur parti.

Quatre personnes capables, sans porte-feuille, créant la direction d'un ministère, ne procéderont qu'avec maturité, parce que le temps ne leur manquera pas. Ennemis naturels des projets où l'imagination domine, leurs plans, leur marche, se lieront si bien avec les événemens, que quiconque essaierait de les changer verrait bientôt disparaître toute sa popularité.

Dégagé de tous les détails de l'administration, le directoire n'embrassera que les généralités ; il

imprimera aux affaires une marche plus régulière, plus homogène ; les travaux du ministère
passé ne seront plus annihilés par le ministère
à venir. Enfin, le souverain prenant une moindre
part à la direction de la politique, se trouvera
nécessairement placé dans un lieu plus élevé,
plus inaccessible, plus inviolable.

A mes yeux, le roi c'est l'étendard perpétuel
autour duquel tous les amis de l'ordre viennent
se rallier dans les circonstances difficiles ; c'est
l'ancre du salut contre la tempête. Supérieur à
toute ambition, le souverain n'adopte point telle
ou telle opinion politique ; et la royauté, placée
comme dans un sanctuaire, ne reçoit que des
hommages. Je voudrais que cette vérité devînt
populaire, et que dans les grandes solennités
une bannière précédât le cortége royal, avec
cette légende :

Système royal,

Bonheur du peuple.

A force de donner du pouvoir aux députés et
aux pairs, il peut arriver que le pouvoir exécutif, trop affaibli, devienne impuissant devant
les émeutes et la révolte.

Je ne veux point me servir d'un mot qui
frappe toujours désagréablement les oreilles libres; loin de moi la pensée de donner au pouvoir
exécutif une autorité directe sur les membres
dont la réunion forme les autres pouvoirs. Je
sais que nul ministre ne doit tenir dans sa main
la vie ou la fortune du plus humble citoyen ;
mais les Romains, qui se connaissaient en liberté, ne craignirent point d'établir en principe
et en fait que l'autorité suprême devait être
placée tout entière dans une main vigoureuse
pendant un temps donné.

Si les prérogatives que la loi martiale donne
aux ministres peuvent être étendues ; il faut les
étendre ; car enfin il faut aussi que le pouvoir
exécutif puisse lutter contre les autres pouvoirs.

La constitution de 91, en consacrant le principe d'une seule assemblée nationale, avec un
roi héréditaire pour seul contre-poids, avait
mis dans la balance un rocher et une boule :
la boule disparut.

Le despotisme ne saurait prendre racine sur
le sol que la même main cultive et possède.

D'ailleurs, le ministre qui arrête arbitraire-
ment un citoyen, révolte la nation d'une manière aussi certaine que lorsqu'il enfreint une
loi. Charles X a-t-il plus violemment irrité les

Parisiens par les ordonnances , ou par la déclaration de l'état de siége ? C'est peut-être par la
déclaration de l'état de siége.

L'abus d'un droit immense et terrible révolte
souverainement dès qu'il est appliqué d'une manière injuste.

La passion d'agrandir son pouvoir est si puissante sur l'homme, que chaque roi sera toujours
disposé à sortir des bornes de son autorité. S'il
ne le fait point , c'est parce que le pouvoir
législatif sera organisé sur des bases si fortes
qu'il n'aura aucune chance de réussite.

Le seul moyen efficace pour résister au pouvoir exécutif , c'est d'ajouter aux prérogatives
du pouvoir législatif et du pouvoir judiciaire.

Il faut éviter de donner , même temporai-
rement , à l'un des pouvoirs la supériorité sur
les autres.

Le pair est supérieur au député et au ministre,
lorsqu'il est appelé à juger un député ou un
ministre.

Pour obvier à cet inconvénient , un tribunal
modérateur nommé par tiers par le roi , par
les députés et par les pairs , jugerait les ministres , les députés et les pairs , qui se seraient
écartés en matière essentielle de la ligne de
leurs devoirs.

Ce tribunal se composerait de neuf membres ; leurs fonctions seraient à vie.

Les députés et les pairs pourraient mettre en accusation les ministres ; ceux-ci auraient également le droit de traduire les premiers devant le tribunal modérateur. Ces jugemens seraient sans appel.

Peut-être conviendrait-il de confier à ce tribunal la garde des mœurs publiques , et de lui donner une autorité semblable à celle des censeurs à Rome.

POUVOIR FÉDÉRATIF.

Puisque la force réside dans la possession du sol , on doit conclure que dans un état comme la France le peuple est réellement supérieur à tous les pouvoirs ; 1° parce qu'il possède le sol ; 2° parce qu'il est armé tout entier ; 3° parce qu'il a des représentans. Tout pouvoir qui ne reposerait pas sur le peuple n'aurait qu'une durée éphémère. Je citerai pour exemple Bonaparte soutenu par une armée long-temps victorieuse, les Bourbons protégés par la Sainte-Alliance.

Ainsi, le gouvernement en France doit nécessairement trouver son seul appui dans le peuple ; mais comme l'esprit de parti et de division se glisse facilement dans un gouvernement populaire, comme il amène à sa suite les guerres et les révolutions, ce n'est qu'en opposant le peuple au peuple que l'on peut conserver l'équilibre, la stabilité.

Comment opposer le peuple au peuple dans un vaste état comme la France, si on ne le morcelle point par de nombreuses divisions, si l'on ne crée point de petites royautés, isolées en quelque sorte du centre commun pour tous les intérêts de localité. En multipliant, en rapprochant les centres pour chaque citoyen, on distrait naturellement son attention de la capitale réelle et unique ; on crée des intérêts de localité qut ne sont plus les mêmes pour le Dauphinois et le Breton ; on crée une espèce d'opposition tacite qui proteste d'avance à Rouen contre les insurrections de Nîmes. Une révolution générale ne peut avoir lieu dans un pays fédéralisé qu'à la suite d'un mécontentement réel et profond ; il faut que les intérêts généraux se trouvent compromis. Mais si le mécontentement, si le malaise n'étaient que partiels ; s'ils n'affectaient qu'une seule division du vaste état, l'insurrection ne serait plus qu'une émeute promptement comprimée par les autres provinces.

La fédération des États-Unis se compose d'un grand nombre de petites républiques ; le nombre de ces républiques est illimité, il peut s'accroître à l'infini ; et le moment n'est pas éloigné où cet empire possèdera une surface habitée égale en étendue à l'Europe tout entière.

Au lieu de former une fédération de républiques, changeons les noms, créons une fédération de petites monarchies. Deux départemens formeront une vice-royauté ; le roi nommera pour chef un vice-roi qui recevra héréditairement sa nouvelle dignité. Les attributions de ce vice-roi seront plus étendues que celles des préfets. Il nommera exclusivement à toutes les places qui s'exercent dans l'intérêt de la localité qu'il administre. Les maires, les sous-préfets, les ingénieurs de département, les vérificateurs des poids et mesures, les commissaires de police, etc., seront les hommes de son choix. Chaque vice-royauté aura son budget ; elle pourvoira à l'entretien de ses routes, elle en ouvrira de nouvelles, etc. ; enfin, elle s'administrera selon son bon plaisir.

Ainsi nous verrons tomber cette monstrueuse centralisation, si chère au despotisme, si fatale aux provinces. Le département qui n'a point de routes dites royales ne sera plus obligé de compter annuellement des sommes considérables pour entretenir les routes royales des autres départemens; le canal creusé dans l'intérêt de la Bretagne ne sera plus soldé par le Dauphiné. Il est vraiment curieux d'examiner en détail les vices de la centralisation. Je connais une commune qui paie annuellement cinquante mille francs de contributions directes, indirectes, etc.; compte fait pour un siècle, cette commune a payé cinq millions dans l'intérêt général; pendant ce même laps de temps qu'a-t-on fait pour son intérêt particulier? Rien, ou presque rien. Sa mairie tombe en ruines, ses chemins vicinaux sont impraticables, et c'est à cent cinquante lieues que se trouve le droit d'y mettre un seul tombereau de gravier (1).

(1) Dans la commune de Chabeuil (Drome), la rivière rompit la digue qui protégeait les propriétés voisines. Peu d'argent eût suffi à la réparer; mais le temps nécessaire pour la vérification des travaux par les ingénieurs, pour obtenir l'autorisation de les faire, pour ordonnancer la dépense, fut si long, que la rivière, qui ne sait point s'astreindre aux lenteurs administratives, revint une seconde fois et décupla les dommages.
Une digue avait été construite à grands frais par les propriétaires

J'abandonne ces réflexions aux économistes, et je reviens à mon sujet.

Revêtu du commandement de la garde nationale, le vice-roi exercerait dans chaque localité un pouvoir qui tiendrait en quelque sorte de la royauté. Ce pouvoir immense deviendrait tyrannique s'il s'exerçait sans contrôle : un délégué sera adjoint à chaque vice-roi ; il remplira les fonctions de ministre ; il sera responsable. Tous les actes de la vice-royauté seront contresignés par lui. Ce délégué sera nommé par le peuple, ou plutôt par les électeurs, de la même manière qu'ils choisissent un député.

Ainsi, le délégué sera le véritable administrateur de la province ; le vice-roi ne le sera que de nom. Les vice-royautés formeront autant de petites républiques monarchiques, fédérées entre elles pour former un seul et vaste empire.

---

de la commune de Beauchastel (Ardèche), afin de mettre à l'abri de l'envahissement du Rhône leurs propriétés les plus précieuses. Quelques empierremens et 2,000 francs étaient nécessaires pour consolider cet ouvrage si cher et si utile ; mais encore les lenteurs administratives ont été si excessives, que ce n'est que plusieurs années après que la réparation avait été reconnue urgente, et surtout que le Rhône, minant cette partie faible de la digue protectrice, l'eut crevée et causé un dommage cent fois plus grand que les frais nécessaires pour les prévenir, que toutes les formalités exigées se trouvèrent remplies, et que les malheureux riverains purent, à grand'peine et avec dix fois plus d'argent, relever les ouvrages qui auraient dû toujours les protéger, sans le vice de la centralisation.

L'administration de chaque état s'exercerait sous la surveillance et le contrôle d'un conseil particulier nommé par le peuple. Ce conseil se réunirait une fois par an pour délibérer sur les besoins de la localité, pour discuter et voter son budget des recettes et des dépenses. Ses délibérations seraient rendues publiques par la voie des journaux.

La création des conseils de province offrirait aux jeunes Français l'occasion de se livrer de bonne heure à l'étude des affaires publiques. On aurait été membre du conseil de la province avant de songer à la députation ; et la pairie serait le terme de la carrière politique des députés les plus distingués.

Je vais parler des rapports de chaque vice-royauté avec les ministres. Ceux-ci conserveront la haute direction de la marine, de la guerre, de la police, des finances ; ils nommeront les officiers de terre et de mer, ceux de la gendarmerie, les procureurs du roi, le receveurs généraux. Enfin, chaque vice-royauté aura son administration locale, sans pouvoir se donner de nouvelles lois, sans pouvoir se soustraire à l'influence des ministres du seul roi des Français, pour tout ce qui se rattache aux intérêts généraux de la France.

Si un vice-roi venait à s'écarter de la ligne de ses devoirs, les ministres pourraient le suspendre, et la chambre des pairs choisirait un de ses membres pour le remplacer ; mais à la mort du vice-roi suspendu, son fils seul pourrait lui succéder.

Si la division se mettait entre le vice-roi et le délégué, si l'administration de la province venait à en souffrir, les ministres révoqueraient les fonctions du délégué, et le délégué révoqué ne pourrait être réélu par le peuple.

Si le vice-roi se révoltait contre le gouvernement du roi, les ministres déclareraient la vice-royauté en état de siége, et l'administreraient militairement, jusqu'à ce que tout fût rentré dans l'ordre.

On dira peut-être que les vice-rois nous conduisent droit au despotisme. Je ne crois pouvoir faire de meilleure réponse qu'en soutenant avec les monarchiques que cette organisation conduit droit à la république. En effet, si l'on supprime quarante hommes en France, on a sans secousse une république parfaite et tout organisée.

Le pouvoir fédératif ne saurait inspirer des craintes sérieuses pour la liberté, 1° parce qu'un seul homme est héréditaire dans un état; 2° parce qu'il ne peut y avoir qu'un seul majorat dans ce

même état, et que ce majorat une fois fixé le
sera pour toujours, et ne pourra ni s'augmenter,
ni diminuer. Comme ce nouveau pouvoir serait
fondé pour le peuple et non contre le peuple, il
faut qu'il ne soit point à charge par ses dépenses;
ainsi, le vice-roi se constituera lui-même un majorat, et ne recevra aucune espèce d'émolument
de la nation; 3° le délégué et le conseil du peuple
seront là pour contrôler les actes du nouveau pair.

Cependant, il peut se faire qu'un homme supérieur s'élève parmi ces vice-rois; il gagnera le
délégué, séduira le peuple et la garde nationale,
enfin il aura fait une entière révolution dans sa
vice-royauté; mais comment le mal pourrait-il
n'être pas promptement comprimé dans le principe? comment les états voisins ne s'uniraient-ils
point pour renverser l'homme audacieux qui
aurait levé l'étendard de la révolte? tout leur
en ferait un devoir. Quel intérêt auraient-ils à
favoriser l'ambitieux qui commencerait nécessairement par attaquer les droits de tout ce qui
aurait l'exercice d'un pouvoir quelconque? quel
intérêt auraient les vice-rois à le seconder, eux
qui, jouissant d'une puissance certaine, ne
sauraient aspirer qu'à devenir les simples lieu-
tenans d'un nouveau Bonaparte.

Quelque habile que soit le chef, une insur-

rection possible dans une vice-royauté heurtera
trop directement les intérêts des provinces voisines, pour que cette insurrection ne demeure
pas toujours isolée. Une levée de boucliers serait
une folie promptement comprimée et punie.

D'ailleurs, une conspiration ne se trame pas
dans un jour; le pouvoir central en aura nécessairement une connaissance plus ou moins parfaite, et comme il pourra toujours suspendre
ou traduire chaque vice-roi devant le tribunal
modérateur, il aura toujours la faculté de faire
avorter tout projet ambitieux.

Ce qui prouve que la division d'un vaste
empire en états fédérés doit prévenir le retour
des grandes commotions politiques, c'est que
les révolutions sont plus fréquentes dans les
états qui se composent d'une seule ville, que
dans ceux qui se composent de plusieurs provinces. La résistance se rencontre souvent hors
de la capitale par où commencent ordinairement
les révolutions.

Si les intérêts des différentes parties de l'empire sont bien distincts, les influences d'opposition se renouvelleront avec beaucoup plus de
force dans les états fédérés que dans les états
qui ne le seraient point.

Comme il n'est pas possible dans un pays

libre de prévenir les émeutes, il ne faut pas dire qu'il n'y aura plus d'émeutes ; mais il faut pouvoir les comprimer et les paralyser chaque fois qu'il y en aura.

Je compare le gouvernement par fédération à la manière dont un capitaliste habile dirige l'emploi de ses capitaux. Loin de confier ses richesses à une seule personne qui peut faillir et le ruiner, il les divise en petites sommes pour les placer chez un grand nombre de spéculateurs. Sa prudence conservera toujours une partie de sa fortune, parce qu'il est impossible que tous ses créanciers viennent à faillir en même temps.

C'est en vertu du principe de la fédération que les États-Unis ont eu cinquante ans de paix. Cependant, on peut entrevoir une cause de dissolution dans la fédération américaine : les divisions territoriales sont trop étendues.

Si les États-Unis sont paisibles aujourd'hui, c'est parce que, la journée de travail étant de cinq francs, il serait difficile d'y former une armée non nationale ; il en coûterait des sommes immenses, et ces sommes ne se trouvent point à la disposition d'un particulier.

Il eut été beaucoup plus sage de déterminer une étendue fixe pour chaque état, mille lieues carrées, par exemple. Alors nul des petits états,

4

quel que fût le développement de sa prospérité,
n'aurait jamais aspiré à devenir le centre commun
de la fédération, ou d'une portion seulement de
la fédération.

Lorsque ce pays sera peuplé comme l'Europe,
un seul état deviendra assez puissant pour faire
une révolution à son profit, en s'affranchissant
de l'influence de Washington, et en rapprochant
par une nouvelle capitale le centre de ses intérêts. Comment admettre, en effet, que le bassin
du Mississipi, si vaste, si riche, si commerçant,
consente à traverser toujours des montagnes pour
arriver à Washington, tandis que la vapeur le
transporte si rapidement à la Nouvelle-Orléans
lui et ses marchandises.

Je crois que les vice-rois héréditaires donneront
une force immense à la grande fédération que je
propose. En effet, les intérêts particuliers se
trouvent ménagés par un gouvernement local
indépendant; et l'intérêt du prince héréditaire
est également de maintenir son pouvoir par tous
les moyens qu'il aura à sa disposition. Ces moyens
seront immenses, parce que les intérêts du
peuple qu'il administre seront les siens. Dès
qu'un nouvel état sera incorporé à la fédération
générale, il le sera pour toujours.

Le principe d'hérédité réunit des avantages si

grands, que si jamais le gouvernement français, ainsi organisé, venait à commencer une lutte avec une république semblable à celle des États-Unis, la république monarchique triompherait, parce qu'il suffirait d'une ambition supérieure dans un état de la fédération républicaine pour faciliter son agglomération à la fédération monarchique; et comme les intérêts du peuple se trouveraient tout aussi bien garantis dans la nouvelle fédération que dans l'ancienne, il n'opposerait qu'une faible résistance. La défection ne viendrait jamais de la fédération monarchique.

BUT POLITIQUE.

Convient-il de donner un aliment à l'activité d'un grand peuple? est-il d'une bonne politique de fixer son attention sur un vaste projet dont l'exécution, tout en flattant son orgueil, intéressât également les différens pouvoirs de l'état?

Oui, puisque plusieurs peuples en ont donné l'heureux exemple.

Quelque puissante que fût l'aristocratie romaine, elle tremblait au souvenir des tribuns et de l'organisation du peuple. Pour le distraire, pour le tenir toujours en haleine, elle voulut le fasciner en lui mettant sous les yeux la même idée, en le flattant continuellement par l'espérance de la conquête du monde. Sa persévérance tout aristocratique réalisa ce vœu qui n'était qu'une chimère dans le principe. Mais à peine eut-elle atteint le but, que les Romains, ne trouvant plus de peuples à vaincre, commencèrent entre eux des luttes terribles, au milieu desquelles disparut l'équilibre européen. « Rome, dit Montesquieu, » Rome perdit sa liberté, parce qu'elle » acheva trop tôt son ouvrage ».

Souvent le sénat suscita lui-même des guerres au dehors pour suspendre les divisions intestines, et le peuple savait se prévaloir des difficultés dans lesquelles l'état était embarrassé, pour extorquer du sénat de nouvelles concessions.

Un autre peuple libre a depuis formé un vœu non moins extraordinaire; ce vœu c'est la domination des mers.

L'équilibre de la puissance britannique durera tout autant que la supériorité de sa marine et de ses manufactures; mais je suis tenté de croire que sa fameuse constitution disparaîtra avec le commerce.

C'est avec dessein que l'aristocratie anglaise a constamment tourné sa politique vers ce même but, quoiqu'il en soit résulté pour elle un inconvénient bien grave. Le développement inouï du commerce a créé en Angleterre une seconde population qui n'a rien de commun avec celle qui cultive les terres. La population agricole est entièrement sous l'influence aristocratique, maîtresse du sol; tandis que la population mercantile a conservé toute son indépendance. L'aristocratie s'en est aperçue; aussi a-t-elle essayé de s'attribuer la direction du haut commerce, en commanditant les grands banquiers et les principaux fabricans.

Quelle que soit l'habileté de sa politique, elle n'influencera jamais les habitans des villes comme elle influence les habitans de la campagne, parce que l'argent et les marchandises sont une propriété essentiellement mobile; on ne peut ni les concentrer ni les retenir long-temps dans les mains du petit nombre.

Si l'Angleterre éprouve une révolution politique, c'est de l'industrie qu'elle recevra son impulsion.

A l'exemple de Rome et de l'Angleterre, le gouvernement français devrait se proposer un but politique essentiellement en harmonie avec les vœux et les besoins de la nation. Il en résulterait pour l'ordre et même pour la liberté un bénéfice immense. Dans les momens de crise, les ministres seraient certains d'ajouter à leur popularité en rappelant aux citoyens l'exécution du grand œuvre qu'ils auraient commencé, et les citoyens entraînés par une distraction puissante feraient trève avec leurs haines et leurs dissensions.

Afin de mieux rendre ma pensée, je formerai un souhait au hasard ; je désirerai la conquête et la civilisation de l'Afrique.

On ne saurait décorer du nom de colonies les îles et les comptoirs que nous possédons à quelques mille lieues de nos côtes. J'ignore si ces établissemens sont utiles à la France ; je sais seulement qu'ils ne sauraient se passer des quatorze millions qu'elle dépense annuellement pour eux.

Nous n'aurions point de colonies si nous n'étions maîtres d'Alger. Cependant, nous n'avons encore qu'une ville de plus ; mais cette ville est la mieux placée pour devenir un jour la capitale de l'Afrique. En regard de nos côtes, à deux journées de la France , elle commande , par sa position , à la moitié de la Méditerranée et à cette portion de l'Afrique où chaque Romain voulait avoir une maison de campagne.

Lorsque les regards se portent vers ces contrées, une réflexion frappe d'abord tout esprit observateur. Comment se fait-il que l'Europe tout entière se précipite au bout du monde pour former des établissemens précaires , tandis qu'elle néglige l'Afrique qui la touche , l'Afrique que la nature semble avoir divisée, fractionnée par des déserts , comme pour la rendre plus facile à conquérir et plus facile à garder.

Tout se réunit pour nous attirer vers l'Afrique : un ciel pur , la salubrité du pays , sa proximité, un sol inépuisable , des produits variés inconnus à nos climats.

Nous sommes maîtres d'Alger , mais la campagne et ses dépendances nous résistent. Divisons cet immense territoire pour le conquérir plus surement. S'il a dix-neuf mille lieues de superficie , créons dix-neuf vice-royautés ; mettons à la tête dix-neuf vice-rois dans toute la vigueur de l'âge ; donnons-leur des pouvoirs étendus, pour les restreindre plus tard sur des bases arrêtées pour toutes nos colonies.

Ces vice-rois , dont l'intérêt particulier se

trouvera réuni à l'intérêt général, interrogeront soigneusement les lieux pour mieux connaître tous les besoins, toutes les ressources du pays. Sûrs de l'appui de leurs nombreux et puissans protecteurs, ils obtiendront facilement de la mère-patrie toutes sortes de secours dans le moment favorable.

En procédant avec méthode et lenteur, nous ne tarderons pas de faire passer en notre pouvoir tout le pays immense qui sépare l'isthme de Suez des Colonnes d'Hercule. Alors, nous pourrons avancer pas à pas et surement à travers les déserts ; nous pénétrerons au milieu de ces régions mystérieuses inconnues aux Européens. Enfin, nous aurons organisé la conquête de l'Afrique, et cet immense continent sera rendu à la civilisation.

Quelque difficile, quelque immense que paraisse l'exécution de ce projet, elle ne présente aucun obstacle que l'activité française ne puisse vaincre facilement. Nous n'avons à conquérir qu'une longue série de petites régions isolées les unes des autres par des déserts. Nulle part nous ne rencontrerons une résistance sérieuse ; c'est une conquête de patience. Le temps et la volonté immuable d'un grand peuple, dirigé par un corps politique populaire, suffiront pour conduire à sa fin cette entreprise immense et cependant facile.

Puisque l'ambition tourmente sans cesse l'homme , serait-il d'une saine politique de créer une aristocratie hors de la France pour prévenir son retour dans la France même ? Après avoir bien médité l'histoire , après avoir long-temps consulté le cœur humain , on peut répondre franchement oui.

Tous les hommes désirent la liberté , si l'on écoute leurs paroles ; mais aucun ne la veut en réalité , si l'on ne consulte que ses actes.

Celui qui s'élève le plus contre le privilége de la naissance veut l'inégalité des richesses , des emplois , des honneurs ; et cependant c'est par là que commencent tous les nobles.

Après avoir proposé à l'activité du peuple français la conquête et la civilisation de l'Afrique , on pourrait appuyer cette conquête sur une aristocratie territoriale sans titres , et dont les prérogatives ne sauraient exister qu'en Afrique ; c'est même le seul moyen de retenir long-temps ce pays sous la tutelle de la France. Il y aurait impossibilité de contenir les naturels , si le sol venait à leur appartenir. Il faut qu'il se concentre dans les mains d'un petit nombre de Français unis à la mère-patrie par leur naissance, leurs mœurs, leurs alliances, et enfin par l'orgueil national.

Nul doute que cette aristocratie extérieure ne tende sans cesse à concentrer dans ses mains l'administration de la France elle-même. Cette lutte avec le peuple sera nécessaire pour le tenir sans cesse en haleine, pour animer son amour patriotique à la vue d'un danger toujours présent.

Voici quels sont les avantages attachés à la création d'une aristocratie en Afrique :

1° C'est elle qui présidera à la civilisation de ce pays, et qui ramènera sans cesse vers ce continent l'attention publique.

2° C'est le seul moyen de retenir long-temps sous notre tutelle les provinces conquises. Les hommes tiennent à la richesse non par choix mais par nécessité ; ils y sont attachés par les dents. Celui qui a besoin de manger est le serviteur de celui qui le nourrit ; si un homme nourrit tout un peuple, ce peuple tout entier est sous son empire.

3° Les partisans de l'aristocratie ne songeront plus à la reconstituer en France, puisqu'une nouvelle carrière sera ouverte à leur ambition. Le meilleur moyen de chasser un clou, c'est de le remplacer par un autre ; le meilleur re-

mède contre l'amour, c'est un nouvel amour.
Si nous voulons anéantir d'un seul coup une
institution aussi vivace que l'hydre aristocratique, qui nous assure qu'une nouvelle tête ne
se relèvera point plus menaçante. Vouloir ex-
traire toute ambition du cœur de l'homme,
vouloir anéantir violemment toute espèce d'aristocratie, c'est demander l'impossible. Il importe
de réussir complètement sur un seul point,
avant de songer à la délivrance des autres.

Si la création d'une aristocratie en Afrique
doit assurer son exclusion de la France, il n'y
a plus à balancer, parce que lorsque la France
aura secoué pour jamais le joug de l'aristocratie,
le tour de l'Europe viendra bientôt, et enfin
celui du monde.

Si l'on vient à créer une aristocratie en Afrique, le premier soin du gouvernement sera de
supprimer en France les majorats, les substitutions, le droit d'aînesse, les titres de noblesse;
enfin, pour que le peuple puisse lutter avec
succès contre l'aristocratie de l'Afrique, on
conservera intact le principe de la représentation nationale, et les députés s'opposeront
constamment à toute proposition de loi qui
tendrait à concentrer la possession du sol français dans un petit nombre de mains.

Un peuple est libre lorsqu'il est représenté, et lorsqu'il possède le sol qu'il cultive et qui le nourrit.

Harrington a découvert le premier que l'empire suit la balance de la propriété, soit que cette propriété réside dans les mains d'un seul, d'un petit nombre d'hommes, ou d'une multitude. Ainsi, le pouvoir doit être despotique en Turquie, aristocratique en Angleterre, démocratique en France et aux États-Unis. Cette sublime découverte de Harrington suffit pour lui assurer un rang distingué parmi les publicistes.

Avant de proposer au peuple un but politique, on examinera soigneusement si ce but peut se réaliser, et s'il doit satisfaire tous les grands intérêts du pays. Les peuples sont comme les hommes, ils aiment toujours ce qui leur est utile, ou ce qui flatte leur vanité.

Après l'Espagne, nul peuple n'est mieux placé que la France pour conduire à sa fin cette immense entreprise. Quoique l'Espagne soit le chemin naturel de l'Afrique, nous pouvons nous y rendre par mer dans deux jours ; grâce à la vapeur, malgré la guerre maritime, nous pourrons toujours porter à temps à nos établissemens tous les secours dont ils auront besoin.

Le Français est guerrier et industriel : sa vanité se trouvera flattée par la conquête et la civilisation de l'Afrique ; et cette même conquête ouvrira sans cesse de nouveaux débouchés à son commerce.

Il est de l'essence de l'homme de vouloir sans cesse ajouter à sa puissance ; rien ne flatte plus un souverain que de reculer les bornes de son empire. Ainsi, le roi donnera son assentiment chaque fois que ses ministres lui proposeront d'ajouter une nouvelle province aux anciennes possessions.

Les pairs, persuadés que la guerre est la plus puissante distraction du peuple, fixeront sans cesse ses regards vers l'Afrique, pour maintenir l'équilibre politique et le privilége judiciaire. On pourrait intéresser les pairs à la conquête d'une manière plus directe, si le roi ne pouvait prendre que dans leur sein les nouveaux vice-rois de l'Afrique.

Les députés prêteront leur appui à l'accomplissement de ce grand œuvre, parce qu'il doit prévenir les guerres civiles, parce que l'Afrique deviendra le réfuge de tous les esprits inquiets que la nouveauté seule peut satisfaire. Enfin, les pairs étant électifs, chaque député peut aspirer à la pairie et même à la vice-royauté.

Je crois donc que la conquête et la civilisation de l'Afrique doivent toujours plaire au peuple et aux différens pouvoirs de la France.

Il serait à désirer que les majorats des vice-rois de France fussent situés en Afrique ; alors les vice-rois ne posséderaient des terres en France qu'en vertu de la loi commune. Peut-être encore serait-il de la prudence de déterminer l'étendue de terrain que chaque vice-roi aurait la faculté d'acquérir en France.

Lorsque nos établissemens seraient parfaitement organisés, on ajouterait au domaine de la couronne des terres suffisantes par leur étendue et par leurs produits pour représenter la liste civile. Voici l'avantage qui en résulterait : la quantité du numéraire va s'augmentant chaque année, le prix et le produit des terres s'élèvent proportionnellement; tandis que si la liste civile est de douze millions en numéraire, cette somme ne représentera pas dans cinquante ans ce qu'elle représente aujourd'hui, et il y aura toujours quelque chose d'impopulaire à grossir la liste civile. Il y aurait avantage pour le souverain si son nom ne figurait point sur le budget, s'il était possible de lui donner par d'autres voies les sommes nécessaires à l'éclat de la couronne.

Comme les hommes sont principalement

frappés par les noms, on dira désormais, en parlant d'Alger : la colonie d'Afrique, l'armée d'Afrique, le gouverneur d'Afrique, etc.

On procédera avec lenteur à l'exécution de ce vaste projet, puisqu'il doit maintenir l'équilibre politique. Avant de former une nouvelle colonie, la première sera parfaitement soumise, et la France aura bien organisé tous les moyens de conservation.

Je termine en répétant ce passage de Montesquieu : « Rome perdit sa liberté, parce qu'elle » acheva trop tôt son ouvrage ».

FIN.

TABLE.

www.ingramcontent.com/pod-product-compliance
Lightning Source LLC
Chambersburg PA
CBHW070942280326
41934CB00009B/1982